COVID19 et continuité pédagogique pour les élèves handicapés

Ernestine NGO MELHA

Copyright © 2022 Ernestine NGO MELHA
Copyright © 2022 Generis Publishing

All rights reserved. This book or any portion thereof may not be reproduced or used in any manner whatsoever without the written permission of the publisher except for the use of brief quotations in a book review.

Title: **COVID19 et continuité pédagogique pour les élèves handicapés**

ISBN: 978-1-63902-927-3

Author: Ernestine NGO MELHA

Cover image: https://pixabay.com/

Publisher: Generis Publishing
Online orders: www.generis-publishing.com
Contact email: info@generis-publishing.com

COVID19 et continuité pédagogique pour les élèves handicapés:

Résultats d'une enquête internationale

Avril 2020

Rapport préparé par Ernestine NGO MELHA

Association d'Aide à l'Education de l'Enfant Handicapé

Association d'Aide à l'Education de l'Enfant Handicapé (AAEEH)

4 rue des Arènes, 75005 Paris

France

Tél: +33 1 43 54 18 95

contact@aaeeh.fr

www.aaeeh.fr

Table des matières

Remerciements 9

Introduction et principales recommandations 10

Principales recommandations 12

L'enquête: méthodologie, caractéristiques des répondants et limites 14

Principaux résultats 15

    Caractéristiques des participants à l'enquête 15

    Caractéristiques des élèves 15

    Mesures mises en place 15

    Types de mesures 15

    Difficultés rencontrées 16

    Niveau de satisfaction des répondants par rapport aux mesures 17

    Propositions d'amélioration 18

Conclusion et recommandations 20

Références bibliographiques 22

Annexe 23

Acknowledgments 29

Introduction and Main Recommendations 30

Main recommendations 32

    To Decision-makers/State 32

    To the United Nations agencies 32

Survey: methodology, characteristics of responders and limits 34

Main results 35

    Characteristics of the learners 35

    Measures implemented 35

    Types of measures put in place 35

    Difficulties encountered 35

    Level of respondents' satisfaction about the measures 37

    Proposals for improvement 37

Conclusion and Recommendations 39

Remerciements

Ce rapport a été préparé par Ernestine NGO MELHA (Fondatrice et directrice exécutive de l'Association d'Aide à l'Education de l'Enfant Handicapé (AAEEH) et relu par Rodrigue MELHA MELHA (Consultant) et Jacqueline Paumier (Membre AAEEH). Victoria Barrès (Montessori International) a apporté son aide pour la traduction de la version anglaise.

L'enquête sur laquelle se base ce rapport a été préparée par Ernestine NGO MELHA (Fondatrice et Directrice exécutive de AAEEH). Mariama BAHINDY, Rodrigue MELHA, Jacqueline Paumier ont aidé à la distribution de l'enquête. Les résultats ont été analysés par Ernestine NGO MELHA et Rodrigue MELHA.

Nous remercions particulièrement Mariama et Rodrigue qui ont donné de leur temps pour ce projet.

Nous remercions aussi tous ceux qui supportent de quelque manière que ce soit le travail de AAEEH.

Nous remercions vivement et particulièrement toutes les personnes qui ont accepté de partager l'expérience de la continuité pédagogique des élèves handicapés suite à la crise sanitaire COVID-19. Nous espérons que ce rapport reprend fidèlement leur réponse et préoccupations et aura un impact positif sur l'éducation des enfants handicapés.

Introduction et principales recommandations

Introduction

Le monde traverse une crise sanitaire préoccupante due à l'épidémie du coronavirus. De nombreux pays ont fermé écoles et universités pour limiter la propagation du Covid-19.

La scolarité de plusieurs élèves et étudiants se trouve perturbée, celle des apprenants ayant des besoins spéciaux est encore plus compliquée.

Dans ce contexte, afin d'assurer aux élèves et étudiants la continuité éducative, des solutions alternatives comme des plateformes et ressources pour les apprentissages à distance entre autres sont mises en œuvre.

L'AAEEH a reçu des nouvelles de parents d'élèves handicapés inquiets ou désemparés pour la continuité pédagogique pour leur enfant. L'AAEEH s'est intéressée de comprendre l'expérience vécue par les élèves handicapés, quelles sont les mesures nationales mises en place? Quelles sont les difficultés rencontrées dans la mise en œuvre de ses mesures? Quelles sont les solutions éventuelles?

Du 10 au 30 Avril 2020, l'Association d'Aide à l'Education de l'Enfant Handicapé (AAEEH) a conduit une enquête auprès de parents ou autres membres de familles d'élèves handicapés, d'enseignants et de professionnels intervenant auprès d'élèves handicapés.

L'objectif de l'enquête était d'avoir une vue d'ensemble de l'expérience de la continuité pédagogique pour les élèves handicapés, suite à la fermeture des établissements scolaires à cause de la pandémie du Coronavirus.

Une trentaine (35) de personnes constituées essentiellement de parents d'élèves handicapés (75%) en Europe et en Afrique francophone ont répondu à notre enquête.

Les résultats mettent en évidence la scolarisation des enfants handicapés à l'épreuve de la crise sanitaire actuelle. Ils révèlent en effet des difficultés d'assurer la continuité des apprentissages aux élèves handicapés quand bien même des mesures auraient été mises en place. Par exemple, un parent dit qu'il doit « *jouer le rôle de kinésithérapeute pour son enfant car le suivi médical n'a pas été maintenu du fait du confinement* ».

Dans d'autres contextes, les enfants handicapés restent en marge des solutions proposées pour diverses raisons. Par exemple, un parent indique que dans son pays, *«les cours dispensés à la télévision ne sont pas accessibles aux enfants déficients auditifs»*.

Les résultats amènent à se demander si la crise sanitaire due à la pandémie du Covid19 ne serait pas une opportunité pour les systèmes d'éducation pour interroger la prise en compte du handicap dans les politiques et pratiques éducatives.

Ce rapport donne un résumé de l'enquête, incluant la méthodologie utilisée, les caractéristiques des répondants ainsi que les limites. Le rapport présente également le résumé des principaux résultats relatifs aux mesures mises en place, aux difficultés rencontrées et aux suggestions pour une meilleure prise en compte des élèves handicapées dans les politiques et pratiques éducatives même après le confinement et la crise sanitaire du COVID19. Le rapport reprend aussi souvent que possible les termes des répondants pour porter leur voix.

Dans la conclusion, le rapport présente des recommandations en direction des Etats, des décideurs, des agences des Nations Unies et de la coopération internationale pour une prise en compte des besoins des élèves handicapées dans toutes les réponses éducatives liées/ suite au COVID19.

Principales recommandations

Les élèves handicapés sont à risque de décrochage et d'abandon scolaire car la crise sanitaire a montré les faiblesses des systèmes éducatifs à adapter les réponses éducatives à leur situation et besoins spécifiques. Afin de faciliter la continuité des apprentissages des élèves handicapés à court et long termes, les gouvernements, les agences des Nations Unies et de la coopération internationale doivent veiller à ce que les besoins spécifiques des élèves handicapés soient pris en compte dans les priorités aux niveau national et international en matière de riposte au coronavirus et à toutes les situations de crises ou d'urgence.

Aux décideurs/ Etats

- Associer les parents d'élèves handicapés à la définition des réponses éducatives
- Mettre en place des dispositifs d'écoute pour soutenir et accompagner les parents d'élèves handicapés durant la période du confinement
- Assurer la coordination de l'accompagnement pédagogique des élèves handicapés
- Assurer la continuité de l'intervention des autres professionnels auprès de l'élève handicapé (médico-social)
- Assurer l'accessibilité des apprentissages en tenant compte des besoins spécifiques par type de handicap
- Garantir la continuité pédagogique à tous en se basant sur le droit à l'éducation pour tous
- Inscrire l'éducation des enfants handicapés comme priorité de la politique éducative nationale avec une attention particulière pour les filles handicapées
- Inscrire le handicap dans les mesures et ripostes nationales dans les situations de crise et d'urgence

Aux Agences des Nations Unies et de la coopération internationale

- Assurer que tous les documents d'orientation développés et fournis aux Etats reconnaissent l'impact du COVID19 sur les élèves handicapés et préconisent une approche dualiste en veillant que les élèves handicapés soient inclus dans les cibles concernées par les efforts de réponses à apporter.
- Assurer que les filles handicapées bénéficient d'une attention particulière dans les réponses du fait de leur spécificité.

- Assurer que les élèves handicapés figurent dans les informations et données sur l'éducation qui sont fournies aux Etats afin de garantir des réponses et stratégies éducatives COVID19 inclusives basées sur les droits (Convention relative aux droits des personnes handicapées, Agenda2030).
- Renforcer la coopération dans le cadre de la mise en œuvre des projets sur l'éducation inclusive des enfants handicapés.

L'enquête: méthodologie, caractéristiques des répondants et limites

Ce rapport est basé sur les résultats de l'enquête conduite en Avril 2020 sur l'expérience de la continuité pédagogique pour les élèves handicapés. L'enquête, qui était davantage qualitative, avait pour but de collecter des informations narratives auprès de parents ou autres membres de familles d'élèves handicapés, d'enseignants et de professionnels intervenant auprès d'élèves handicapés.

L'enquête était conduite de façon virtuelle et a utilisé un document Word via Google form en Français. Le formulaire d'enquête a été distribué par mail, à travers les réseaux sociaux et le site internet de AAEEH.

L'enquête a reçu une trentaine (35) de réponses principalement de parents d'élèves handicapés d'Europe et d'Afrique francophone.

Les participants avaient consenti à l'exploitation de leurs réponses pour ce rapport de façon anonyme.

Cette enquête et les résultats présentent certainement des limites. Ces limites sont dues à la méthodologie employée pour administrer le questionnaire: certains répondants potentiels ne disposant pas d'accès internet ou ne sachant pas utiliser les TIC n'ont pas pu participer. Nous sommes conscients que la variété de situation de handicap n'est pas représentée et que les résultats ne permettent pas de renseigner le cas des enfants handicapés des zones rurales. La participation se limite aux parents d'enfants handicapés et quelques professionnels, il aurait été intéressant d'avoir les réponses des autres acteurs clés de l'éducation des enfants handicapés sollicités notamment les enseignants.

Principaux résultats

Caractéristiques des participants à l'enquête

Les répondants à l'enquête proviennent d'Europe et d'Afrique francophone, ils sont constitués en majorité de parents d'élèves handicapés (75%).

Caractéristiques des élèves

Les élèves dont les parents ont participé sont en majorité des élèves du primaire et de l'enseignement professionnel. Ils sont porteurs, pour la plupart, de handicap sensoriel (auditif) et sont en majorité de sexe masculin (66,7%).

Mesures mises en place

Des mesures ont été prises dans tous les pays des répondants pour assurer la continuité des apprentissages dès l'annonce du confinement. Selon les répondants, ces mesures concernent les élèves de tous les niveaux d'enseignement et toutes les classes dans les pays d'Europe; dans d'autres pays, notamment en Afrique, elles ne concernent que les élèves des classes d'examen.

Types de mesures

Les enseignements à distance sont proposés à travers différents dispositifs: les plateformes numériques, les cours par internet, l'enseignement à la télévision ou à la radio, les messages par téléphone.

Selon les répondants, ces nouvelles modalités d'apprentissage ont été annoncées et mises en place sans intégrer la spécificité des élèves handicapés. Il n'y a pas eu de mesures spécifiques concernant les filles handicapées.

Difficultés rencontrées

Les difficultés remontées sont de deux ordres

Les difficultés rencontrées par les élèves handicapés

Les principales difficultés rencontrées pour suivre les enseignements à distance par les élèves handicapées concernent l'environnement d'apprentissage, l'accessibilité des moyens d'apprentissage et la durée du temps d'enseignement pour ce qui est des élèves handicapés des classes d'examen des pays africains.

67% de parents signalent en effet que l'environnement d'apprentissage n'est pas adapté à leurs enfants handicapés et le suivi des enseignements à distance difficile.

Ils indiquent par ailleurs que les cours dispensés à travers les plateformes mises en place pour l'enseignement professionnel ne tiennent pas compte des élèves déficients auditifs, les cours ne sont pas dispensés en langue de signe.

Quant aux cours à la télévision, *« ils sont interprétés par des personnes qui connaissent la langue des signes. Cependant, ce ne sont pas des professionnels pédagogiques, ce qui ne facilite pas l'apprentissage »*

Les parents relèvent aussi que la durée de l'enseignement est insuffisante *« il est difficile pour nos enfants handicapés de comprendre un cours en trente minutes »*.

Comme les autres élèves des classes intermédiaires, les élèves handicapés des pays africains connaissent une rupture éducative dès le début du confinement. Pour certains parents, leurs enfants sont abandonnés à eux-mêmes *« dans mon pays, les difficultés sont nombreuses car les enfants vivant avec un handicap sont abandonnés, pas d'éducation »*.

Les difficultés rencontrées par les parents d'élèves handicapés

Durant le temps de confinement et de la fermeture des établissements scolaires, les parents d'enfants handicapés rencontrent des difficultés pour accompagner / assurer la continuité éducative de leurs enfants. Les principales difficultés relevées par les parents d'Europe sont le manque de suivi et d'accompagnement de l'élève handicapé par d'autres professionnels (ergothérapeutes, psychologues, auxiliaires de vie, enseignant spécialisé, kinésithérapeutes), ce qui fait que tout repose sur le parent, tout est *« réuni sur une seule personne », « on se transforme en kiné ou en ortho alors même que l'infrastructure n'est pas adaptée »*.

Les parents signalent le sentiment d'abandon, l'épuisement, le manque de capacité à se substituer à l'enseignant et suivre leur enfant sur le plan scolaire. Les parents d'Afrique indiquent aussi le manque d'équipement informatique, les coupures d'électricité, le manque de moyens financiers.

D'autres parents indiquent qu'*« étant donné que nos enfants ne disposent d'aucune prise en charge, il revient aux parents d'accompagner eux-mêmes leurs enfants. Ce qui revient à engager un maître d'éducation spécialisé à ses propres frais. Pour nous qui vivons seules avec nos enfants, ce n'est pas évidents »*.

Niveau de satisfaction des répondants par rapport aux mesures

La majorité des répondants ne sont pas satisfaits par les mesures mises en place dans leur pays pour assurer la continuité pédagogique pour les raisons suivantes: la continuité pédagogique est mise en place uniquement pour certaines classes (ex primaire et pas au lycée; classes d'examens et pas les autres), le temps d'enseignement à la télévision est court, les modalités d'enseignement ne tiennent pas compte de la spécificité des types de handicap. *«Notre pays est désorganisé par rapport à la question de personnes vivant avec handicap»*

«Les enfants vivant avec handicap sont oubliés totalement»

«Les enfants handicapés ne sont pas intégré dans le système éducatif de notre pays. Ils sont discriminés»

«Des mesures spécifiques concernant les filles handicapées ne sont pas prises, pourtant, elles risquent d'être exposées à la mendicité, à l'exploitation sexuelle. Elles courent les risques de contamination par le VIH/SIDA et les Infections sexuellement transmissibles »

Propositions d'amélioration

Au regard des difficultés évoquées, les répondants ont fait des propositions d'amélioration pour la continuité des apprentissages pour les élèves handicapées selon les nouvelles modalités d'apprentissage dans leur pays. Les principales propositions sont les suivantes:

Que les mesures mises en place prennent aussi le secondaire et la spécificité du handicap en compte.

«Que les plateformes mises en place pour le secondaire et l'enseignement professionnel tiennent compte de nos enfants»

«Que nous ayons l'internet, l'électricité, les équipements pour l' informatique, le crédit pour le téléphone et les téléphones Androïd».

«Que les moyens financiers soient assurés».

Suggestions pour une meilleure prise en compte des élèves handicapées dans les politiques et pratiques éducatives même après le confinement et la crise sanitaire du COVID19

Les répondants ont formulé les suggestions suivantes:

«Que nos enfants soient véritablement inscrits dans le projet pédagogique de notre pays. Aussi qu'ils disposent d'une prise en charge pour soutenir les familles de ces enfants »

Que la société change de regard vis-à-vis de nos enfants. *« Nos enfants ne sont pas toujours acceptés par les autres enfants et même par les enseignants ».*

«L'éducation de l'enfant handicapé doit être une préoccupation de tous au même titre que celui des enfants dits "valides »

«Chaque pays a une politique d'accompagnement, mais dans le nôtre, c'est encore dans le document seulement ».

«Organiser une campagne de sensibilisation des parents, des enseignants des écoles ordinaires locales, et des autorités politiques et administratives locales, sur l'importance d'une éducation de l'enfant handicapé »

«Renforcer les capacités des enseignants des écoles ordinaires afin de fournir une éducation de qualité aux enfants handicapés»

«Faciliter l'accès à l'apprentissage à l'enfant handicapé, par la mise en place d'infrastructures scolaires adaptées dans certaines écoles telle que des rampes d'accès, des toilettes adaptées, la disposition des matériels pédagogiques, les chaises et tables adaptées »

«Certains élèves handicapés souhaitent apprendre la coupe-couture, d'autres la tannerie, la coiffure, l'informatique ou la peinture »

Conclusion et recommandations

La crise sanitaire du COVID-19 révèle les difficultés que rencontrent les élèves handicapés et leurs parents dans la mise en œuvre des modalités de continuité éducative adoptées dans les pays des répondants à notre enquête. Afin de faciliter la continuité des apprentissages des élèves handicapés à court et long termes, les gouvernements doivent veiller à ce que les besoins spécifiques des élèves handicapés, ainsi que leurs parents soient pris en compte dans les priorités aux niveau national et international en matière de riposte au coronavirus.

Recommandations

Aux décideurs/ Etats

- Associer les parents d'élèves handicapés à la définition des réponses éducatives
- Mettre en place des dispositifs d'écoute pour soutenir et accompagner les parents d'élèves handicapés durant la période du confinement
- Assurer la coordination de l'accompagnement pédagogique des élèves handicapés
- Assurer la continuité de l'intervention des autres professionnels auprès de l'élève handicapé (médico-social)
- Assurer l'accessibilité des apprentissages en tenant compte des besoins spécifiques par type de handicap
- Garantir la continuité pédagogique à tous en se basant sur le droit à l'éducation pour tous
- Inscrire l'éducation des enfants handicapés comme priorité de la politique éducative nationale avec une attention particulière pour les filles handicapées
- Inscrire le handicap dans les mesures et ripostes nationales dans les situations de crise et d'urgence

Aux Agences des Nations Unies et de la coopération internationale

- Assurer que tous les documents d'orientation développés et fournis aux Etats reconnaissent l'impact du COVID19 sur les élèves handicapés et préconisent

une approche dualiste en veillant que les élèves handicapés soient inclus dans les cibles concernées par les efforts de réponses à apporter.
- Assurer que les élèves handicapés figurent dans les informations et données sur l'éducation qui sont fournies aux Etats afin de garantir des réponses et stratégies éducatives COVID19 inclusives basées sur les droits (Convention relative aux droits des personnes handicapées, Agenda2030).
- Assurer que les filles handicapées bénéficient d'une attention particulière dans les réponses du fait de leur spécificité
- Renforcer la coopération dans le cadre de la mise en œuvre des projets sur l'éducation inclusive des enfants handicapés.

Références bibliographiques

Cadre d'action Education 2030: https://fr.unesco.org/themes/education-2030-odd4

Convention relative aux droits des personnes handicapées: https://www.ohchr.org/fr/professionalinterest/pages/conventionrightspersonswithdisabilities.aspx

Convention relative aux droits de l'enfant: https://www.ohchr.org/fr/professionalinterest/pages/crc.aspx

Coronavirus (Covid19): https://www.who.int/fr/emergencies/diseases/novel-coronavirus-2019

Distance learning solutions: https://en.unesco.org/covid19/educationresponse/solutions

National learning portals and tools: https://en.unesco.org/covid19/educationresponse/nationalresponses

NGO MELHA, E-A.(2013). Education inclusive en Afrique sub saharienne. Paris: éd. L'Harmattan

NGO MELHA, E-A. (2014). Why is e-accessibility important? The point of view of people with disabilities (2014) https://fr.slideshare.net/IAU-HEEFA/e-assessibility-disabilities

Annexe

Questionnaire

Enquête sur l'expérience de la continuité pédagogique pour les enfants handicapés et la pandémie du COVID-19

L'enquête suivante vise à fournir un aperçu rapide de l'expérience de la continuité pédagogique pour les enfants handicapés durant la pandémie actuelle de Covid-19 et le confinement. Cette enquête est destinée aux parents, enseignants, professionnels intervenant auprès d'élèves handicapés, membre de la famille ou d'un autre soutien de l'enfant handicapé. Il est important de rappeler que cette enquête est anonyme et confidentielle. Par conséquent, les données fournies et les réponses ne peuvent pas être liées aux personnes qui répondent.

Cette enquête se termine le mercredi 30 Avril à 23 h 59, UTC-3

Merci pour votre participation

*Obligatoire

1. Adresse e-mail *

2. Pays *

3. Vous êtes *

- Parent d'élève handicapé
- Autre membre de la famille
- Enseignant
- Autre personnel intervenant auprès d'enfants handicapés
- Autre:

4. Classe de l'élève handicapé *

- Maternelle
- Primaire
- Autre:

5. Type de handicap de l'élève *

- Physique
- Visuel
- Auditif
- Intellectuel
- Autre (Précisez)

6. Sexe de l'élève handicapé *

- Fille
- Garçon

7. Votre pays a-t-il mis en place des mesures pour assurer la continuité pédagogique des élèves handicapés à cause du COVID19? *

- Oui
- Non

8. Si oui, quel type de mesures ont été prises pour assurer la continuité pédagogique?

- Cours par Télévision
- Utilisation de plateforme numérique
- Envoi de leçons par internet (mail)
- Cours par la radio
- Utilisation du téléphone (sms, groupe whatsapp)
- Autre (Précisez):

9. Ces mesures tiennent-elles compte du type handicap (ex: handicap physique, sensoriel, intellectuel)? Sont-elles prises selon le type de handicap?

- Oui
- Non

10. Y a-t-il des mesures spécifiques pour les filles?

- Oui
- Non

Si oui, quelles sont ces mesures?

11. Y a-t-il des mesures spécifiques concernant les filles handicapées?

- Oui

- Non

Si oui, quelles sont ces mesures?

12. Etes-vous satisfaits par les mesures prises par votre pays pour assurer la continuité pédagogique à tous les élèves handicapés?

- Oui
- Non

Sinon pourquoi?

13. Comment évaluerez-vous ces mesures?

- Excellentes
- Moyennes
- Mauvaises

14. Quelles sont les difficultés de l'élève handicapé pour suivre la continuité pédagogique?

- Suivi difficile des enseignements à distance par l'élève
- Environnement d'apprentissage inadapté
- Manque d'accompagnement par d'autres professionnels (ergothérapeutes, psychologues)
- Progrès dans les apprentissages
- Accessibilité

Autre (Précisez):

15. Les filles handicapées ont -elles des difficultés spécifiques?

- Oui
- Non

Si oui, quelles sont ces difficultés?

16. Quels sont vos souhaits d'amélioration des mesures mises en place pour assurer la continuité pédagogique à tous les élèves handicapés?

17. Quels sont les besoins des élèves handicapés pour progresser dans les apprentissages à cause de la fermeture des établissements scolaires due au covid19?

18. Quelles sont vos difficultés pour assurer l'accompagnement des élèves handicapés dans leurs apprentissages?

19. Quels sont vos souhaits pour assurer au mieux cet accompagnement?

20. Quelles sont vos propositions pour assurer l'éducation aux enfants handicapés même après la période de l'école à distance imposée par le COVID19?

21. Auriez-vous souhaité aborder autre chose?

- Oui
- Non

Si oui, laquelle?

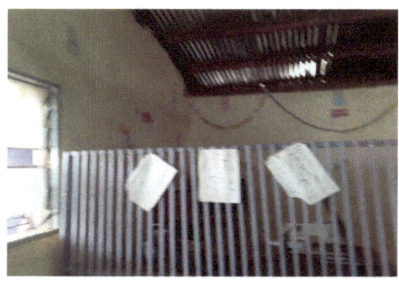

COVID19 and educational continuity for learners with disability:

Results of an International Survey

April 2020

Report prepared by Ernestine NGO MELHA

Association of Aid for the Education of Disabled Children

Association d'Aide à l'Education de l'Enfant Handicapé

Association of Aid for the Education of Disabled Children (AAEEH)

Association d'Aide à l'Education de l'Enfant Handicapé (AAEEH)

4 rue des Arènes, 75005 Paris

France

Phone: +33 1 43 54 18 95

contact@aaeeh.fr

www.aaeeh.fr

Acknowledgments

This report was prepared by Ernestine NGO MELHA (Founder and Executive Director, Association d'Aide à l'Education de l'Enfant Handicapé (AAEEH), reviewed by Rodrigue MELHA MELHA (Consultant) and Jacqueline Paumier (Member AAEEH). Victoria Barrès (Montessori International) reviewed the English version of the report.

The survey on which this report is based was prepared by Ernestine NGO MELHA (Founding Executive AAEEH Director), Mariama BAHINDY, Rodrigue MELHA, and Jacqueline Paumier who helped distribute the survey. The results were analysed by Ernestine NGO MELHA and Rodrigue MELHA.

We would especially like to thank Mariama and Rodrigue who gave their time to this project. We would also like to thank those who have supported AAEEH's work in a variety of ways.

We thank you heartily, especially those who accepted to share the experience of the pedagogical continuity of the pupils with disabilities during the COVID-19 health crisis. We hope that this report corresponds faithfully to their responses and preoccupations and that it will have a positive impact on the education of children with disabilities.

Introduction and Main Recommendations

Introduction

The world is undergoing a worrying health crisis due to the coronavirus pandemic. Many countries have closed schools and universities to limit the spread of Covid-19.

Schooling of numerous grade school and university students has been disrupted; schooling for learners with special needs is even more complicated.

In this context, in order to guarantee educational continuity, alternative solutions such as platforms and resources for long-distance learning, among others, have been introduced.

AAEEH has received news from parents of pupils with disabilities who are worried or distraught about their child's pedagogical continuity. AAEEH is interested in understanding how the handicapped students are experiencing this situation, which national measures have been set up; what difficulties have been encountered in implementing these measures; what are the eventual solutions.

From 10 to 30 April 2020, The Association d'Aide à l'Education de l'Enfant Handicapé (AAEEH) undertook a survey of parents or other family members of learners with disabilities, teachers and professionals who work with handicapped students.

The goal of this survey is to gain an overview of the learning continuity for handicapped students after schools were closed, closure, due to the coronavirus pandemic. Thirty-five people (35), essentially parents of students with disabilities (75%) in Europe and Francophone Africa responded to our survey.

The results highlight the schooling of children with disabilities faced with the tribulations of the actual health crisis. In fact, they revealed the difficulties for handicapped children to continue learning even when some measures were put in place. For example, one parent said that he must to *"play the role of physical therapist for his child because medical support has not been maintained due to the lockdown."*

In other contexts, for various reasons children with disabilities remain on the sidelines of solutions proposed. For example, one parent indicated that in his country, *"the courses provided on television are not accessible to hearing impaired children."*

The results lead us to wonder if the health crisis due to the COVID-19 pandemic is not an opportunity for education systems to reflect on the inclusion of disability in policies and educational practices.

This report provides a synthesis of the survey, including the methodology used, the characteristics of the respondents as well as the limits. The report also presents a synthesis of the main results pertaining to the measures implemented, the difficulties encountered and the suggestions for better consideration of learners with disabilities in policies and educational practices, even after the lockdown and the COVID-29 health crisis. The report also uses as often as possible the terms used by the respondents to carry their voice.

In the conclusion, the report presents recommendations directed towards States, decision makers, United Nation Agencies and international partnerships about considering the needs of learners with disabilities in all the educational responses linked to/following COVID-19.

Main recommendations

Learners with disabilities risk dropping out of school and abandoning their schooling because the health crisis has revealed the weaknesses of the educational systems to be able to adapt educational responses to their specific situations and needs. To facilitate the continuity of learning for handicapped students in the short and long terms, governments, the United Nations and international cooperation Agencies should pay attention that handicapped students' specific needs be taken into consideration in the priorities at national and international levels to respond to the coronavirus and to all the situations of crises and emergencies.

To Decision-makers/State

- Associate the parents of learners with disabilities in defining the educational responses
- Put in place listening measures to support and accompany the parents of learners with disabilities during the lockdown period
- Ensure the continuity of interventions of other professionals for the learners with disabilities (medical-social)
- Ensure the accessibility of learning, considering the specific needs by type of disability
- Guarantee the pedagogical continuity to all based on the right to education for all
- Inscribe education of handicapped children as a priority of national educational policies with special attention to girls with disabilities
- Register disability in the measures and nations' responses to situations of crisis and emergency

To the United Nations and international cooperation agencies

- Ensure that all guidelines developed and provided to States recognize COVID-19's impact on learners with disabilities and recommend a dual approach, paying attention that handicapped students are included in the targets under consideration in the responses of COVID-19.

- Ensure that girls with disabilities benefit from special attention in all responses due to their specific situation.
- Ensure that pupils with disabilities are included in the information and data on education provided to States in order to guarantee inclusive COVID-19 educational responses and strategies based on human rights (Convention on the Rights of persons with disability -CRPD, 2030 Agenda on sustainable development).
- Reinforce cooperation in the framework of implementing projects about inclusive education of children with disabilities.

Survey: methodology, characteristics of responders and limits

This report is based on the results of the survey conducted in April 2020 about the experience of the pedagogical continuity for learners with disabilities. The survey's goal, which is predominantly qualitative, is to collect narrative information from parents or other family members of pupils with disabilities, teachers and professionals who work with handicapped students.

The survey was conducted virtually using Word Document via Google form in French. The survey form was distributed by email through social networks and AAEEH's internet site.

The survey received thirty-five (35) responses, mainly from European and francophone African parents of children with disabilities.

The participants have agreed to have their responses treated anonymously for this report.

This survey and the results certainly have their limits, due to the methodology used to administrate the survey questions; certain potential respondents did not have access to the internet or could not participate because they didn't know how to use ICTs. We are aware that the diversity of handicapped situations is not represented and that the results do not provide information about children with disabilities in rural areas. Participation is limited to the parents of children with disabilities and a few professionals; it would have been interesting to have responses from other key actors involved in educating handicapped children who were solicited, namely teachers.

Main results

The survey respondents come from Europe and Francophone Africa, mostly parents of learners with disabilities (75%).

Characteristics of the learners

The learners with disabilities whose parents participated are mostly primary school and technical training students. For the most part they have sensorial handicaps (hearing impaired) and are mostly male (66.7%).

Measures implemented

In all the respondents' countries, certain measures were implemented to ensure the continuity of learning ever since the lockdown was announced. According to the respondents in the European countries, these measures concern students at all levels of education and all classes; in other countries, notably in Africa, they only concern students in the examination classes.

Types of measures put in place

The distance education measures are proposed through different mechanisms: virtual platforms, internet courses, teaching on television or the radio, messages by telephone.

According to respondents, these new learning modalities were announced and implemented without integrating the handicapped students' specific needs. There were no specific measures for girls with disabilities.

Difficulties encountered

Two types of difficulties were encountered.

Difficulties encountered by handicapped students (pupils with disabilities)

The main difficulties that handicapped students (pupils with disabilities) encountered in long distance learning concerned the learning environment, access to learning equipment and the length of the time available or allocated for the handicapped students in the examination classes in African countries.

In fact, 67% of parents indicated that the learning environment is inadapted to their children with disability and the difficult oversight of long-distance learning.

They also indicate that the courses provided on the platforms established for professional training do not take into account or consideration students with hearing deficiencies, the courses are not given in sign language.

Regarding courses on television one parent said: *"They were interpreted by people who know sign language. However, they are not professional pedagogists, which does not facilitate learning."*

The parents also noted that the time allowed for teaching was insufficient: *"It's difficult for our handicapped children to understand a class in thirty minutes".*

Similar to other children in the intermediate classes, the handicapped students in the African countries encountered a rupture in their education that began with the lockdown. For certain parents, their children were left to themselves *"in my country there are many difficulties because the children with disability are abandoned, they have no access to education".*

Difficulties encountered by parents of learners with disabilities

During the lockdown period and school closures, the parents of handicapped children have faced difficulties to accompany/provide educational continuity for their children. The main difficulties mentioned by the European parents include the lack of oversight and accompaniment of their handicapped child by other professionals (occupational therapists, life assistants, specialized teachers, physical therapists), which means that everything, falls on them, everything is *"grouped together into the same person", "we are transformed into physical or occupational therapists, because the infrastructure is inadapted".*

The parents indicated that they felt abandoned, exhausted, unable to replace the teacher and follow their child's academic learning. The African parents also indicated that they lacked computer equipment, suffered electricity cuts, and lacked financial means.

Other parents indicated that *"given that our children are not taken in charge, it's up to the parents themselves to accompany their children, which means hiring a specialized teacher at their own cost. For those of us who live alone with our children, it's not evident."*

Level of respondents' satisfaction about the measures

Most respondents are unsatisfied by certain measures established in their country to provide pedagogical continuity for the following reasons: the pedagogical continuity was set up uniquely for certain grades (eg. primary and not secondary school; examination classes and not the intermediate classes), the time allotted for television classes is short, the modalities of teaching do not take into consideration the uniqueness of the types of handicaps. *"Our country is disorganized with regard to the question of people living with a handicap".*

"The children living with a handicap are totally forgotten".

The handicapped children are not integrated into the educational system of our country. They are discriminated against".

"Specific measures for handicapped girls are not implemented, even though girls are risk being exposed to begging, sexual exploitation. They risk contamination by IHV/AIDS and sexually transmitted diseases".

Proposals for improvement

With respect to the difficulties raised, the responders made several proposals to improve the learning continuity for their handicapped students, according to the new learning modalities in their country. Below are the following proposals:

"That the measures implemented also take into consideration secondary school and each specific type of handicap".

"That the platforms set up for secondary school and professional training take our children into consideration".

"That we have access to internet, electricity, equipment for computers, credit for telephones and Android telephones".

"That financial means are provided".

Suggestions for improved integration of handicapped students in educational policies and practices even following the lockdown period and the COVID-19 Crisis

The respondents provided the following suggestions:

- *"that our children are truly registered in our country's pedagogical project. Also that they are supported in order to provide help for their families"*
- *"that societies should change their perspective about our children. "Our children are not always accepted by other children and even by teachers."*
- *"The education of a child with disability should be everyone's concern, the same as so-called "valid" children."*
- *"Every country has an accompanying policy, but in ours, it exists only on paper."*
- *"to organise an awareness campaign for parents, teachers in local ordinary schools, and political authorities and local administrators, about the importance of educating children with disabilities".*
- *"to reinforce the capacities of teachers in ordinary schools in order to furnish quality education to children with disabilities."*
- *"to facilitate access to training for children with disabilities, by putting in place adapted educational infrastructures in certain schools like access ramps, adapted toilets, pedagogical materials, adapted chairs and tables."*

"Certain handicapped students would like to learn tailoring, sewing, others would like to learn leather work, hair dressing, computer work or painting."

Conclusion and Recommendations

The Covid-19 health crisis has revealed difficulties encountered by handicapped students and their parents when establishing the modalities to maintain education in the survey respondents' countries. In order to maintain the handicapped students' education in the short and long term, governments need to pay attention to the handicapped students' specific needs and ensure that their parents are taken into consideration in national and international priorities in the fight against COVID-19.

Recommendations

To decision makers/States

- Associate the parents of handicapped students in the definition of educational responses;
- Put in place mechanisms to listen to parents of handicapped students, to support and accompany them during the lockdown period;
- Ensure the coordination of the pedagogical accompaniment of handicapped students;
- Ensure the continuity of interventions of other professionals treating the handicapped student (social-medical);
- Ensure the accessibility of learning considering the specific needs according to the type of handicap;
- Guarantee the pedagogical continuity for all, based on the right of education for all;
- Inscribe the education of handicapped children as a priory in the national pedagogical policy;
- Inscribe the education of handicapped children as a priority of national educational policy, with special attention for handicapped girls;
- Inscribe handicap in the measures and national responses to situations of crisis and emergency.
-

To the United Nations and international cooperation Agencies

- Ensure that all orientation documents developed and provided to the States recognise COVID-19's impact on handicapped students and recommend a dualist approach, taking care that handicapped students are included in the targets concerned by the efforts of responses that will be provided.
- Ensure that handicapped students are included in the information and data on education provided to the States in order to guarantee inclusive educational responses and strategies based on their rights (Convention on the right of persons with disability, 2030 Agenda for sustainable development objectives).
- Ensure that handicapped girls benefit from special attention in the responses, considering their specific situations.
- Reinforce cooperation within the framework of implementing inclusive education projects for handicapped children.

Association d'Aide à l'Education de l'Enfant Handicapé (AAEEH)

4 bis rue Dupin, 75006 Paris – France

Website: www.aaeeh.fr

Email: contact@aaeeh.fr

L'Association d'Aide à l'Education de l'Enfant Handicapé (AAEEH) est une association de solidarité internationale qui œuvre pour une éducation de qualité pour les enfants handicapés à travers le plaidoyer, la sensibilisation, la recherche et l'appui multiforme à la scolarisation des enfants handicapés. Elle agit pour un monde où les enfants handicapés acquéront des qualifications et compétences pour leur autonomisation grâce à l'éducation

Facebook Twitter: @aaeeh_ass

www.ingramcontent.com/pod-product-compliance
Lightning Source LLC
Chambersburg PA
CBHW041803160426
43191CB00001B/28